Johann Hirsch-Müller

Rumpelstilzchens Rache

Impressum:
Lektorat: Susanne Schmitz
Copyright © 2013 TUBUK.digital
Ein Imprint der TUBUK GmbH

www.tubuk-digital.de

Ein märchenhaftes Revolutionsstück für Leute ab 8 Jahren
Das Familenstück wurde am 06. Mai 2007 in Röttingen
(Kindertheater-Festival) vom papp&klapp Theater Neuburg an
der Donau unter der Regie von Hans Hirschmüller uraufgeführt.

Rollen:
Müller und König (Doppelrolle)
Sofie und des Müllers Tochter (Doppelrolle)
Männlein, ein Urururenkel von Rumpelstilzchen
Regisseur, Rumpelstilzchen (Doppelrolle)

1 Dekoration

Der Müller und seine Tochter Sofie sitzen am Tisch

MÜLLER:
Wenn nicht ein Märchen geschieht, müssen wir verhungern.

SOFIE:
Hunger tut weh. Sterben auch?

MÜLLER:
Woher soll ich das wissen, noch bin ich am Leben.

SOFIE:
Mein Magen knurrt.

MÜLLER:
Ein sicheres Zeichen, dass du noch lebst.

SOFIE:
Was ist das für ein Leben, dem Magen zuhören, wie er knurrt.

MÜLLER:
Ein Märchen muss her.

SOFIE:
Du meinst ein Wunder muss gescheh'n … Die Märchenbücher hab' ich
längst verkauft.

MÜLLER:
Ach richtig …

SOFIE:
Nichts mehr zu lesen, nichts mehr zu beißen.

MÜLLER:
Dann können wir uns nur noch selbst verkaufen.

SOFIE:

Da müssten wir was wert sein.

MÜLLER:

Ich bin ein alter Mann, ich bin nichts wert. Aber du bist jung.

SOFIE:

Du willst mich verkaufen?

MÜLLER:

Lieber verkaufe ich meine Seele.

SOFIE:

Da kenn ich nur einen, der an so was interessiert ist.

MÜLLER:

Nein, danke, mit dem will ich nichts zu tun haben.

SOFIE:

Dann red' auch nicht so blöd daher.

Es klopft. Beide erschrecken

MÜLLER:

Mein Gott, um diese Zeit, wer könnte das noch sein …

SOFIE:

Vielleicht das Märchen, das wir dringend brauchen.

MÜLLER:

Ein Wunder wäre mir schon lieber.

SOFIE:

Dann geh' und öffne die Tür, damit du dich wundern kannst.

MÜLLER:
Soll ich wirklich, und wenn's der Gerichtsvollzieher ist, was
dann?

Es poltert nochmals

SOFIE: *leise*
Hast du etwa die Steuern nicht bezahlt?

MÜLLER:
Meine liebe Tochter, kannst du mir sagen, von was ich die hätte zahlen
sollen?

Stimme MÄNNLEIN: *aus dem Off*
Ich bin kein Gerichtsvollzieher.

MÜLLER:
Wer seid ihr dann?

Stimme MÄNNLEIN: *aus dem Off*
Das werdet ihr erfahren, wenn ihr die Tür öffnet.

MÜLLER:
Wer immer ihr auch seid, wir haben außer Armut nichts anzubieten.
Also geht.

Stimme MÄNNLEIN: *aus dem Off*
Das weiß ich. Also lasst mich herein. Ihr werdet es sicher nicht bereuen.

SOFIE:
Vater, öffne die Tür. Schlimmer als es ist, kann es nicht werden.

MÜLLER:
Du hast recht. Ich lass ihn rein. Selbst der Tod wäre eine Erlösung.
geht hinaus, öffnet die Tür

Stimme MÄNNLEIN: *aus dem Off*
Gott zum Gruße, werter Müller. *Männlein kommt leise singend herein*
Ach wie gut, dass niemand weiß, dass ich so und nicht anders heiß …
sieht Sofie Gegrüßet seist auch du, du wunderschönes Fräulein,
namens Sofie, der Weisheit schönes Antlitz.

MÜLLER:
Ihr humpelt, habt ihr euch verletzt.

MÄNNLEIN:
Behindert, möchte ich eher meinen. Die Spätfolgen einer bösen
Geschichte, in die mein längst verstorbener Urururgroßvater
dummerweise verwickelt war.

SOFIE:
Das tut mir aber leid.

MÄNNLEIN:
Zuviel des Mitleids. Wie ich sehe, müsste ich mit euch Mitleid haben:
nichts zu beißen, nichts zu lesen, das trifft sich gut.

MÜLLER:
Zu unserer Armut nun auch Spott

SOFIE:
Und Bosheit … Frechheit.

MÄNNLEIN:
Verzeihung, ich bin weit davon entfernt, ein boshafter Spötter zu sein.
Um es kurz zu machen: Würdet ihr im Reichtum schwimmen, wäret ihr
für mich ohne jede Bedeutung, sozusagen uninteressant, weniger wert
als Dreck unter meinem Fingernagel.

SOFIE:
Interessant.

MÄNNLEIN:

Mehr als das, hochinteressant, um nicht zu sagen: megainteressant.

MÜLLER:

Wir Hungerleider besitzen also einen megainteressanten Wert.

MÄNNLEIN:

Einen unschätzbaren Wert. Ihr seid ein Glücksfall für mich und meinen
Urururgroßvater, vorausgesetzt, dass euer Verstand wegen des
Hungers noch nicht gänzlich verloren gegangen ist.

SOFIE:

Keine Sorge: Noch haben wir alle Tassen im Schrank.

MÄNNLEIN:

Aber keine Bücher im Regal. Wie heißt doch das letzte Märchenbuch,
das du in deiner Not verkauft hast.

SOFIE:

Das weiß ich nicht. Ich hab's vergessen.

MÜLLER:

Das war auch gut so, meine geliebte Tochter. *zum Männlein* Es war ihr
Lieblingsmärchen.

MÄNNLEIN:

So, so, ihr Lieblingsmärchen. *Hat plötzlich ein Büchlein in seiner Hand
und hält es Sofie unter die Nase* Handelte es sich zufällig um dieses
Exemplar? Mit dem schauerlichen Titel: Rumpelstilzchen.

SOFIE: *liest*
Für Sofie, von deiner Mutter. Weihnachten im Jahre …

Lichtwechsel – Klarinette – Puppenspiel

Das Märchen Rumpelstilzchen wird im Original erzählt

Es war einmal ein Müller, der war arm, aber er hatte eine schöne
Tochter. Nun traf es sich, dass er mit dem König zu sprechen kam, und
zu ihm sagte:
„Ich habe eine Tochter, die kann Stroh zu Gold spinnen."
Dem König, der das Gold lieb hatte, gefiel die Kunst gar wohl, und er
Befahl, die Müllerstochter sollte alsbald vor ihn gebracht werden. Dann
führte er sie in eine Kammer, die ganz voll Stroh war, gab ihr Rad und
Haspel, und sprach:
„Wenn du diese Nacht durch bis morgen früh dieses Stroh nicht zu
Gold versponnen hast, so musst du sterben."
Darauf ward die Kammer verschlossen, und sie blieb allein darin. Da
saß nun die arme Müllerstochter, und wusste um ihr Leben keinen Rat,
denn sie verstand gar nichts davon, wie das Stroh zu Gold zu spinnen
war, und ihre Angst ward immer größer, dass sie endlich zu weinen
anfing. Da ging auf einmal die Türe auf, und ein kleines Männlein trat
herein und sprach:
„Guten Abend, Jungfer Müllerin, warum weint sie so sehr?"
„Ach, ich soll Stroh zu Gold spinnen, und verstehe das nicht."
„Was gibst du mir, wenn ich's dir spinne?"
„Mein Halsband"
Das Männlein nahm das Halsband, setzte sich vor das Rädchen, und
schnurr, schnurr, schnurr, dreimal gezogen, war die Spule voll. Dann
steckte es eine andere auf, und schnurr, schnurr, schnurr, dreimal
gezogen, war auch die zweite voll: Und so ging's fort bis zum Morgen,
da war alles Stroh versponnen, und alle Spulen waren voll Gold. Als
der König kam und nachsah, da erstaunte er und freute sich, aber sein
Herz wurde nur noch begieriger, und er ließ die Müllerstochter in eine
andere Kammer voll Stroh bringen, die noch viel größer war, und befahl
ihr, das auch in einer Nacht zu spinnen, wenn ihr das Leben lieb wäre.
Das Mädchen wusste sich nicht zu helfen und weinte, da ging abermals
die Türe auf, und das kleine Männlein kam und sprach:
„Was gibst du mir, wenn ich dir das Stroh zu Gold spinne?"
„Meinen Ring von dem Finger."
Das Männchen nahm den Ring, und fing wieder an zu schnurren mit
dem Rade, und hatte bis zum Morgen alles Stroh zu glänzendem Gold

gesponnen. Der König freute sich über die Massen bei dem Anblick, war aber noch immer nicht Goldes satt, sondern ließ die Müllerstochter in eine noch größere Kammer voll Stroh bringen und sprach:
„Das musst du noch in dieser Nacht verspinnen; wenn dir das gelingt, sollst du meine Gemahlin werden."
Er dachte bei sich:
„Denn eine reichere Frau kannst du auf der Welt nicht haben."
Als das Mädchen allein war, kam das Männlein zum dritten Mal wieder und sprach:
„Was gibst du mir, wenn ich dir noch einmal das Stroh spinne?"
„Ich habe nichts mehr, das ich dir geben könnte."
„So versprich mir, wann du Königin wirst, dein erstes Kind."
„Wer weiß, wie das noch geht",
dachte die Müllerstochter, und wusste sich in der Not nicht anders zu helfen und versprach dem Männlein, was es verlangte. Dafür spann das Männlein noch einmal das Stroh zu Gold. Und als am Morgen der König kam, und alles fand wie er gewünscht hatte, so hielt er Hochzeit mit ihr, und die schöne Müllerstochter ward eine Königin.
Nach einem Jahr brachte sie ein schönes Kind zur Welt, und dachte gar nicht mehr an das Männlein, da trat es in ihre Kammer und sprach:
„Nun gib mir, was du versprochen hast."
Die Königin erschrak, und bot dem Männchen alle Reichtümer des Königreichs an, wenn es ihr das Kind lassen wollte, aber das Männlein sprach:
„Nein, etwas Lebendes ist mir lieber als alle Schätze der Welt."
Da fing die Königin so an zu jammern und zu weinen, dass das Männchen Mitleiden mit ihr hatte, und sprach:
„Drei Tage will ich dir Zeit lassen, wenn du bis dahin meinen Namen weißt, so sollst du dein Kind behalten."
Nun dachte die Königin die ganze Nacht über an alle Namen, die sie jemals gehört hatte, und schickte einen Boten über Land, der sollte sich erkundigen weit und breit nach neuen Namen. Als am andern Tag das Männlein kam, fing sie an mit Caspar, Melchior, Balzer, und sagte alle Namen, die sie wusste, nach der Reihe her, aber bei jedem sprach das Männlein:
„So heiß ich nicht."
Den zweiten Tag ließ sie herumfragen bei allen Leuten, und sagte dem

Männlein die ungewöhnlichsten und seltsamsten vor: Rippenbiest,
Hammelswade, Schnürbein, aber es blieb dabei:
„So heiß ich nicht."
Den dritten Tag kam der Bote wieder zurück, und erzählte:
„Neue Namen habe ich keinen einzigen finden können, aber wie ich um
die Waldecke kam, wo Fuchs und Has sich gute Nacht sagen, so sah
ich da ein kleines Haus, und vor dem Haus brannte ein Feuer, und um
das Feuer sprang ein gar zu lächerliches Männlein, hüpfte auf einem
Bein, und schrie:
,Heute back ich, morgen brau ich,
übermorgen hol ich der Königin ihr Kind;
ach, wie gut, dass niemand weiß
dass ich Rumpelstilzchen heiß!'"
Da war die Königin ganz froh dass sie den Namen wusste und als bald
hernach das Männlein kam und sprach:
„Nun, Frau Königin, wie heiß ich?"
„Heißest du Kunz?"
„Nein"
„Heißest du Heinz?"
„Nein."
„Heißt du etwa Rumpelstilzchen?"
„Das hat dir der Teufel gesagt, das hat dir der Teufel gesagt",
schrie das Männlein, und stieß mit dem rechten Fuß vor Zorn so tief in
die Erde, dass es bis an den Leib hineinfuhr, dann packte es in seiner
Wut den linken Fuß mit beiden Händen, und riss sich selbst mitten
entzwei.

Puppenspiel Ende – Lichtwechsel

SOFIE:

Das gehört mir. Woher habt ihr es? Ich habe es nicht an euch verkauft.

MÄNNLEIN:

Das tut nichts zur Sache. Viel schlimmer ist, dass dieses hundsgemeine Stück dir so sehr ans Herz gewachsen ist.

SOFIE:

Hundsgemein! Ihr seid hundsgemein. Das Märchen handelt von Armut, Verzweiflung, Liebe …

MÄNNLEIN:

… und Verrat, den diese gottverdammte Müllerstocher, der Teufel soll sie holen, an meinem Urururgroßvater namens Rumpelstilzchen begangen hat.

MÜLLER:

Schluss mit diesem Unsinn. Auf der Stelle verlasse er mein Haus.

MÄNNLEIN:

Euer Haus, das ihr längst verpfändet habt, dieses Haus gehört mir. Ich habe es mit meinem Geld schuldenfrei gemacht. Nehmt euch also in Acht, sehr schnell könnte ich euch hinauswerfen lassen, in die Obdachlosigkeit.

SOFIE:

Obdachlosigkeit …

MÄNNLEIN:

Nichts schlimmes, sei ganz ruhig, nur über deinem hübschen Köpfchen schwebte alles, nur kein Dach, das dich vor Regen, Kälte und Sonnenschein schützen könnte.

MÜLLER:

So haben diese Geier uns alles genommen.

MÄNNLEIN:
Bis auf euren Verstand gehört euch nichts mehr.

SOFIE:
Bald haben wir auch den verloren.

MÜLLER:
Es gibt keine Hoffnung.

MÄNNLEIN:
Das meint ihr, für alles gibt es eine Lösung. Also schreiten wir zur Tat.
Wir beschäftigen uns heute mit Rumpelstilzchen, dem Müller, seiner
Tochter und natürlich mit dem König.

MÜLLER:
Wir sind am Verhungern, uns ist nicht nach Rumpelstilzchen und
Konsorten.

MÄNNLEIN: *sehr bestimmend*
Ich verteile jetzt die Rollen. Du bist der Müller und du bist seine Tochter.
Ich bin das Rumpelstilzchen und der Regisseur. Was ich sage wird
gemacht. Ohne Widerrede.

MÜLLER:
Und wer ist der König?

MÄNNLEIN:
Immer der, der fragt: also du. *legt ihm die Krone um den Hals*

SOFIE:
Müller und König gleichzeitig. Wie soll das gehen?

MÄNNLEIN:
Ganz einfach: Mach vor deinem Vater einen tiefen Knicks, küsse seine
Hand *sie macht es, was ihrem Vater sehr gefällt, der prompt die Krone
aufsetzt* und schon ist er König.

SOFIE:
Und wie soll er zum Müller werden?

MÄNNLEIN:
Pass auf. *zeigt auf Müller-König* Schaut auf diesen
armseligen Müller! *zerdrückt ihm die Krone* Dieser elende Tropf lügt
dem König vor, dass seine halb verhungerte Tochter läppisches Stroh
zu Gold spinnen kann, und bringt damit ihr Leben in Gefahr.

MÜLLER:
Das ist nicht wahr, du lügst!

MÄNNLEIN: *zu Sofie*
Hast du gesehen, wie schnell er zum Müller wurde.

MÜLLER:
Ich wurde nicht zum Müller, ich bin der Müller.

MÄNNLEIN:
In der Idealbesetzung: Arm, arbeitslos und ohne jede Aussicht auf
Besserung! *Regie führend* So tritt er vor seinen König hin und sagt:
„Ich habe eine Tochter, die kann Stroh zu Gold spinnen." Der König
schaut verblüfft aus seiner Wäsche: „Das ist ja ausgezeichnet. In diesen
harten Zeiten braucht man eine harte Währung, was könnte da besser
sein als Gold. Bringe er mir das Goldmariechen ganz schnell ins
Schloss!"

MÜLLER:
Ich dachte, ich soll das spielen.

MÄNNLEIN:
Das sollst du auch, ich habe dir nur gezeigt wie's geht.

SOFIE: *vorlaut*
Und Goldmariechen passt nicht. Wenn schon, Goldsofiechen.

MÄNNLEIN:
Sehr gut, du bist ein kluges Mädchen. Wir probieren die nächste Szene.
zum Müller Was hat der König zu deiner Tochter gesagt.

MÜLLER:
Das will mir einfach nicht über die Lippen.

MÄNNLEIN:
Ich befehle dir, es zu sagen, sonst verjage ich dich aus diesem Haus,
das mir gehört, vergiss das nicht.

MÜLLER-KÖNIG: *setzt die Krone auf*
Wenn du diese Nacht durch bis morgen früh dieses Stroh nicht zu Gold
versponnen hast, so musst du sterben!

SOFIE:
Das hat der König gesagt, nicht mein Vater.

MÄNNLEIN:
Richtig. Aber wer hat dich in diese Situation gebracht. *zerdrückt ihm die
Krone* Dein Vater. Dein Vater ist ein Schurke. Ein gewissenloser noch
dazu. Oder willst du etwa auch behaupten, dass du Stroh zu Gold
spinnen kannst!?

SOFIE: *vorwitzig*
Selbst wenn ich ein Strohbett hätte, ich könnte es nicht.

MÄNNLEIN: *cholerisch*
Kannst du nicht – oder willst du nicht!! Willst du nicht oder kannst du
nicht!!!

SOFIE: *völlig perplex*
Ich … ich … ich kann es nicht …

MÜLLER:
Hör auf, meine Tochter so zu quälen. Sie ist unschuldig.

MÄNNLEIN:

Mitgegangen! Mitgefangen. Sie hat diesen Betrug mitgemacht, also hat sie es auch verdient, zu leiden. *zu Sofie* Ich möchte dich daher weinen sehen. *Sie weint* Keine verlogenen Schauspieler-Tränen, so völlig ohne Salz, ich möchte dich heulen sehen, wie einen Schlosshund!

MÜLLER *heult wie ein Hund*

MÄNNLEIN:

Schnauze! Du bist jetzt nicht dran. Ich führe Regie, verdammt noch mal. Als Urururenkel von Rumpelstilzchen bestehe ich darauf!

SOFIE:

Wer schreit hat Unrecht.

MÄNNLEIN:

Unrecht hat, wer schweigt! Deshalb schreie ich diese Frage in die Welt hinaus: Wer hat der Müllerstochter aus der Misere geholfen: 1. Jörg Pilawa, 2. Günter Jauch, 3. Die Grimm'schen Brüder oder 4. Rumpelstilzchen. Für die richtige Antwort gibt es drei Kopfnüsse, wenn sie aus dem Publikum kommt. Also, liebe Kinder, schweigt, sonst setzt es Kopfnüsse! Ich wiederhole die Frage für die Müllerstochter: Wer hat dir geholfen Erstens, zweitens, drittens oder viertens.

SOFIE:

Viertens.

MÄNNLEIN:

Was ist das für eine Antwort, viertens: Wer steckt hinter diesem: „viertens."

SOFIE:

Fünftens.

MÄNNLEIN: *Wutschrei. Stampft heftig mit dem rechten Fuß auf*

MÜLLER: *vor Angst zitternd*
Rumpelstilzchen.

MÄNNLEIN:
Und wie hat dir Rumpelstilzchen geholfen?

SOFIE:
Erst verlangt es nach meinem Halsband, dann setzt es sich vor das
Rädchen, und schnurr, schnurr, schnurr, dreimal gezogen, ist die Spule
voll. Dann steckt es eine andere auf, und schnurr, schnurr, schnurr,
dreimal gezogen, ist auch die zweite voll: Und so weiter und sofort, bis
zum Morgen, da ist alles Stroh versponnen, und alle Spulen sind voll
Gold.

MÄNNLEIN:
Rumpelstilzchen hat dir also das Leben gerettet. Warum wohl?

SOFIE:
Weil es auf mein Halsband scharf war.

MÜLLER: *entschuldigend*
Ein Erbstück von ihrer Mutter.

MÄNNLEIN: *betrachtet das Halsband*
Ohne jeden Wert. Dafür krümmte ich noch nicht mal einen Finger.

MÜLLER:
Herr Rumpelstilzchen-Regisseur, ich weiß es.

MÄNNLEIN: *spöttisch*
Achtung! Der Vatermüllerkönig weiß etwas.

MÜLLER:
Weil der liebe Gott nicht wollte, dass des Müllers Tochter so jung
sterben sollte.

MÄNNLEIN: *zynisch*

Das sagt ein Vater, der seine Tochter einem Halsabschneider ausgeliefert hat, einem königlichen Raffke, dessen Herz einem Taschenrechner gleicht? Kein Wunder, dass du auf das Naheliegende nicht kommst. Kein Wunder, dass du nicht sehen kannst, wie sehr ich deiner Tochter zugeneigt bin, wie sehr ich sie verehre *neigt sich ihr zu und beschnüffelt sie.*

MÜLLER: *misstrauisch*

Führst du jetzt Regie oder spielst du Rumpelstilzchen?

MÄNNLEIN: *vertieft*

Beides.

SOFIE: *wütend*

Hau ab, du … ich bin doch kein Honigkuchen! *Das Männlein geht beleidigt ab*

SOFIE: *zu Müller.*

Regisseur beleidigt *ratlos* Wie geht's jetzt weiter …

MÜLLER:

Woher soll ich das wissen. Bin ich jetzt dran?

MÄNNLEIN: *aus dem Off*

Du spielst den König, also bist du jetzt dran.

MÜLLER:

Und was soll ich sagen?

MÄNNLEIN:

Nichts sollst du sagen.

MÜLLER:

Auch gut

MÄNNLEIN: *kommt wieder rein und inszeniert*
Du bist also reingekommen, siehst das viele Gold, bist unheimlich
erstaunt, freust dich wie ein Schneekönig, und schreist: „Stroh, Stroh,
Stroh, ein Königreich für Stroh. Bringt Stroh, das macht mich froh." Also
geh wieder ab, damit du reinkommen kannst. *führt ihn ab* Und setz' die
Königskrone auf.

MÜLLER: *kommt rein, mit Krone.*
Wieso schreit der nach Stroh, wenn er das viele Gold sieht.

SOFIE: *schnell, um einen Wutanfall des Regisseurs zu verhindern*
Ach Vati, der König ist jetzt auf den Geschmack gekommen und will,
dass ich noch mehr Stroh zu Gold spinne.

MÄNNLEIN: *ganz Regisseur*
„Geschmack" ist gut. Gierig ist der Kerl, ohne Ende.
Mehrundmehrundmehr, wie sie halt sind, die Könige. Leben wie Maden
im Speck, kriegen den Hals nicht voll, gefräßig und begierig sind sie
auf Kosten ihrer Untertanen.

MÜLLER: *nimmt die Krone ab*
Diese Königsrolle spiele ich nicht. Mit so was will ich nichts zu tun
haben.

MÄNNLEIN:
Frühlingsrollen habe ich derzeit nicht anzubieten. Du spielst in meinem
Haus, was ich dir sage, und nicht, wonach dein Herz strebt.
Tochterverschacherer!

MÜLLER *wird unvermittelt zum König, wütend*
Stroh, Stroh, Stroh, ein Königreich für Stroh!

MÄNNLEIN:
So nicht, nein. Erst kommst du rein, also geh wieder ab.

MÜLLER: *geht mürrisch ab.*
Spinner, Spinner, Spinner, auf dass das Gold nur rinner.

MÄNNLEIN: *ruft ihm nach.*
Und die Krone musst du beim Reinkommen aufgesetzt haben.

MÜLLER: *kommt als König wieder rein*
Hiermit tue ich kund: Jeder Bauer, der es wagt …

MÄNNLEIN:
Bitte den Text von Anfang an: Stroh, Stroh, Stroh und so weiter …

MÜLLER:
Stroh, Stroh, Stroh und so weiter.

MÄNNLEIN:
Erst reinkommen

MÜLLER:
Aber ich bin doch schon da!

MÄNNLEIN:
Eben. Deshalb musst du noch mal abgehen, damit du auftreten kannst.

MÜLLER: *im Abgehen*
Abgehen, auftreten, abgehen, auftreten, das hältst du ja im Kopf nicht
aus.

MÄNNLEIN: *ruft ihm nach*
Vielleicht hilft dir die Krone dabei.

MÜLLER-KÖNIG: *Auftritt mit Krone*
Stroh, Stroh, Stroh, ein Königreich für Stroh! Spinne, spinne, spinne, auf
dass das Gold nur rinne. Hiermit tue ich kund: Jeder Bauer, der es
wagt, das Stroh für die Tiere in seine Scheune zu bringen, wird mit dem
Tod bestraft. Jeder verfügbare Strohhalm ist an mich, den König,
auszuliefern! *steigt aus der Rolle aus* Und jetzt, Mädel, Mädel an die
Arbeit, bis morgen glänzt hier nur eines: Gold, Gold, Gold, so bleibt dir
das Leben hold.

MÄNNLEIN:
Der Text stimmt noch nicht ganz, egal. Du gehst jetzt wieder ab *Müller-König
wird
abgeführt* und Goldsofiechen bleibt inmitten von Stroh allein zurück.
Jetzt zeig mir, ob du das spielen kannst: Verzweiflung, Tränen,
Selbstmitleid, denn natürlich kannst du nicht wissen, ob das
Rumpelstilzchen dir noch mal hilft. Und denk dran, das Rumpelstilzchen
kommt nur dann, wenn deine Verzweiflung, deine Tränen echt sind. Und
versuch mich ja nicht zu täuschen. Sonst lasse ich dich hängen, dann
kannst du sehen, wie du mit dem Stroh fertig wirst. *geht ab*

SOFIE:
Verzweifelt sein, das bin ich. Aber verzweifelt spielen, das kann ich nicht.
*weint. Niemand kommt. Sie weint noch mal. Immer noch zu
wenig* Ich schaff das nicht *hat die Nase voll und probiert's mit*
Lachen. Niemand lässt sich sehen. Sie bekommt einen regelrechten
Lachanfall, versteckt ihr Gesicht mit den Händen. Das Männlein hält ihr
Lachen für Weinen und kommt als Rumpelstilzchen herein

MÄNNLEIN-RUMPELSTILZCHEN:
Was gibst du mir, wenn ich dir das Stroh zu
Gold spinne?

SOFIE: *sieht ihn lachend an*
Meinen Ring vom Finger. *prustet richtig los*

MÄNNLEIN: *als Regisseur*
Was gibt's denn hier zu lachen.

SOFIE:
Ich habe mir grade vorgestellt, dass du jetzt die ganze Nacht spinnst,
während ich mich vollmampfe.

MÄNNLEIN:
Das also findest du komisch. Ich finde das eher tragisch. Eine
Schauspielerin, die nicht bereit ist, in ihrer Rolle aufzugehen.

MÜLLER: *aus dem Off*
Wie Hefeteig!

MÄNNLEIN:
Schnauze!

MÜLLER: *aus dem Off*
Ich find's ganz normal, dass man in einer Hungerleiderrolle ans Essen
denkt.

MÄNNLEIN: *ironisch*
Ein Schauspieler der laut denkt. *zu Sofie* Mir wäre lieber gewesen, du
hättest darüber nachgedacht, warum das Rumpelstilzchen eine weitere
Nacht opfert, um dir abermals das Leben zu retten.

MÜLLER: *aus dem Off*
Damit er ein weiteres Mal an ihr rumschnüffeln kann.

MÄNNLEIN:
Schnauze, du bist jetzt nicht gefragt.

MÜLLER:
Dann kann ich ja eine Pause machen.

MÄNNLEIN: *ruft*
Tu das. *zu Sofie* Inzwischen probieren wir die Szene mit dem
Ringfinger noch mal. Du stehst hier und weinst.

SOFIE:
Tränen … mit Salz?

MÄNNLEIN:
Nein, mit Zucker … Ich komme also dazu. *geht ab, um als*
Rumpelstilzchen aufzutreten

MÄNNLEIN-RUMPELSTILZCHEN:

Was gibst du mir, wenn ich dir das Stroh zu
Gold spinne?

SOFIE:

Meinen Ring vom Finger.

MÄNNLEIN-RUMPELSTILZCHEN:

Den will ich nicht haben, der gefällt mir nicht.

SOFIE:

Oh Gott, dann bin ich verloren. Der König wird mich töten lassen.

MÄNNLEIN-RUMPELSTILZCHEN:

Bist du sicher?

SOFIE:

Ja. Des Königs Wort ist ein Befehl.

MÄNNLEIN-RUMPELSTILZCHEN:

Macht dir das Angst?

SOFIE:

Meinen Tod, den könnte ich ertragen.

MÄNNLEIN-RUMPELSTILZCHEN:

Dann lass dich töten.

SOFIE:

Mein Vater würde dies nicht überleben.

MÄNNLEIN-RUMPELSTILZCHEN:

Du denkst an deinen Vater, der dich einem Scheusal von König
ausgeliefert hat?

SOFIE:

Er würde sich schuldig fühlen an meinem Tod.

MÄNNLEIN-RUMPELSTILZCHEN:
Würde sich schuldig fühlen? Er ist schuldig.

SOFIE:
Deshalb darf ich auch nicht sterben.

MÄNNLEIN-RUMPELSTILZCHEN:
Und ich soll das verhindern, indem ich dir Stroh zu Gold spinne? Da müsste ich ganz schön spinnen. *zeigt ihr den Vogel*

SOFIE:
Ich flehe dich an, wegen meines Vaters …

MÄNNLEIN-RUMPELSTILZCHEN:
Dein Vater, dieser Schwachkopf, interessiert mich nicht.

MÜLLER: *aus dem Off*
Mehr Respekt, wenn ich bitten darf!

MÄNNLEIN: *als Regisseur*
Schnauze, wenn ich bitten darf!

MÄNNLEIN-RUMPELSTILZCHEN:
Du bist es, die ich liebe. Den Ring kannst du behalten. Bis morgen wird sich deine Kammer in eine Goldgrube verwandelt haben.

MÄNNLEIN: *als Regisseur*
Müller, du bist jetzt dran, als König. *holt den Müller auf die Bühne* Setz' deine Krone auf, der Vater ist gestorben, hat ausgedient. Also, die Situation ist klar, Rumpelstilzchen ist bereits fortgegangen, der König kommt in aller Herrgottsfrühe, um zu sehen, ob das Goldsofiechen fleißig war.

MÜLLER:
Wenn ich mich so umsehe, muss sie stinkfaul gewesen sein.

MÄNNLEIN:
Jetzt ist Phantasie gefragt. Alles hier ist aus Gold.

MÜLLER: *sieht sich penetrant lange um*
Schweigen ist Gold. Ich muss mal austreten.

SOFIE:
Ich trete auch aus. *beide gehen ab*

MÄNNLEIN: *ruft*
Sag deinem Vater, er soll die Krone absetzen, bevor er aufs Klo geht.
Das Männlein packt Brot und Schinken aus und beginnt zu
essen. Sofie und Müller kommen zurück. Beiden laufen die
Augen über. Das Männlein lässt sich nicht stören.

MÜLLER:
Wie schön, dass ich keinen Hunger habe. Guten Appetit, Herr
Regisseur. Komm, Sofie, greif zu.

MÄNNLEIN:
Hier greift nur einer zu und das bin ich.

SOFIE:
Lass Vati, bei diesem Anblick vergeht einem jeglicher Appetit.

MÜLLER: *improvisiert, leicht wahnsinnig geworden, den König.*
Gold, Gold, Gold! Überall Gold! Mein Hunger nach Gold ist
unermesslich groß! Mich dürstet nach Gold, gebt mir Gold, damit ich
meinen Durst löschen kann. Meine Liebe zu Gold ist wie ein Fass, das
keinen Boden hat. Goldsofiechen, ich mache dich zu meiner Frau, zu
einer Königin, damit du jederzeit bereit bist, meine Gier nach Gold zu
löschen. Ich werde dich lehren, jede Nacht sittsam nur ans Gold zu
denken, und an deinen Mann, der das Gold braucht wie das Amen in
der Kirche. Du wirst mir Kinder gebären, und ich werde von dir
inbrünstig verlangen, dass sie aus purem Gold sind. Was für ein Glück
für eine Frau, die das Glück hat, ihren Mann auf diese Weise zu
beglücken. *erschöpft landet der Müller auf dem Boden.*

SOFIE:
Das Glück ist nicht immer lustig.

MÄNNLEIN:
Theaterspielen auch nicht. Unerträglich. Immerhin wird klar: Welche Frau
will dieses Monster noch zum Mann.

SOFIE:
Ich bestimmt nicht.

MÄNNLEIN:
Und genau das hatte Rumpelstilzchen gehofft, dass sie den
Heiratsantrag von diesem König ablehnt.

SOFIE:
Abartig. Eine Müllerstochter soll ablehnen, eine Königin zu werden?

MÄNNLEIN:
Für ein Mädchen mit Charakter eine leichte Übung.

SOFIE:
Leichter gesagt als getan.

MÄNNLEIN:
Hör doch noch mal hin, was der König gesagt hat. Wenn sie vor lauter
Gehorsam nicht taub gewesen wäre, dann hätte sie hören müssen,
warum er sie zur Gemahlin haben wollte. Nicht etwa, weil sie so klug,
jung und schön gewesen ist. Nein, weil der König in ihr eine Goldeselin
gesehen hat. Allein deshalb wollte er sie zur Frau, kapiert? *zum Müller*
Steh wieder auf und spiele die Szene noch mal. Aber bitte mit dem Text
des Königs. Dein Anfall vorhin war ja unerträglich. Genauso gut hättest
du statt ‚Gold‘ ‚Brot‘ schreien können.

MÜLLER:
An nichts anderes habe ich dabei gedacht, nur ans Brot.

MÄNNLEIN:

Also weiter, sonst werden wir nie fertig. *erklärt* Der König freut sich
abermals über das viele Gold, hat aber immer noch nicht genug und
lässt die Müllerstochter in eine noch größere Kammer bringen, die
vollgestopft ist mit Stroh. Dann sagt er mit der Krone auf dem Kopf. Bitte.

MÜLLER-KÖNIG: *setzt die Krone auf*

Das Stroh musst du noch in dieser Nacht verspinnen; wenn dir das
gelingt, sollst du meine Gemahlin werden. Denn eine reichere …

MÄNNLEIN:

Was er jetzt sagt, musst du leise sprechen, und damit wir es hören
können, musst du es laut denken.

MÜLLER: *nimmt die Krone ab*

Leise sprechen und laut denken. Wie soll das gehen?

MÄNNLEIN:

Laut denken und leise sprechen. In etwa so: *flüsternd* Denn eine
reichere Frau kannst du auf der Welt nicht haben.

MÜLLER-KÖNIG: *setzt die Krone auf und bewegt lautlos die Lippen*

Denn eine reichere Frau kannst du auf der Welt nicht haben.

MÄNNLEIN:

Lauter, ich hör nichts.

SOFIE:

Ich hab's auch nicht gehört, denn wenn ich es gehört hätte, wäre ich
aufgestanden und hätte dem König gesagt: So nicht, du kannst mir den
Buckel runter rutschen! *Regisseur sieht sie strafend an* Na ja, vielleicht
hätte ich mich ein wenig vornehmer ausgedrückt.

MÜLLER: *der lieber diskutieren möchte, nimmt die Krone ab.*

Sofie, ich mein schon auch, dass du dem König einen Korb hättest
geben müssen, nach dieser Sauerei von einem Heiratsantrag. Also, ich
hätte dir geraten, schleunigst zu fliehen, wenn ich dabei gewesen wäre.

SOFIE:
Du warst aber nicht dabei. Jetzt kannst leicht daherreden *äfft ihn nach*
Also, ich hätte dir das geraten, schleunigst zu fliehen, wenn ich dabei
gewesen wäre.

MÄNNLEIN:
Dabei war dein Vater nicht, aber ganz in deiner Nähe. Luftlinie, vielleicht,
30 Meter unterhalb deines Zimmers, tief drin in der Erde, in einem
schrecklichen Verlies, bei Wasser und Brot.

SOFIE:
Davon hat der König mir gar nichts gesagt.

MÄNNLEIN:
Niemandem hat er davon erzählt, sonst hätte er auch zugeben müssen,
von wem seine künftige Gemahlin abstammt: Von einem Hungerleider
nämlich. Das wäre das Ende seiner Herrschaft gewesen, das Ende
seines Königreiches.

MÜLLER:
Wo steht das geschrieben? Im Rumpelstilzchen, das ich kenne, kommt
das nicht vor.

MÄNNLEIN:
Wo steht im Rumpelstilzchen geschrieben, dass es nicht so war?

MÜLLER: *improvisierter Wutanfall*
Dieses Scheusal von König, dieser
Betrüger, erstickt meine Tochter in Gold, und mich lässt er im Kerker bei
Wasser und Brot verrecken!

MÄNNLEIN:
Reg dich ab. So schlimm ist das auch wieder nicht. Denk doch mal an
das Rumpelstilzchen, was das am Ende auszuhalten hatte.

MÜLLER:
Was ist das für ein Vergleich! Ich liege gefesselt an Händen und
Füßen auf dem Stroh …

MÄNNLEIN:
Stroh. Dafür war der König viel zu goldgeil!

MÜLLER:
während meine Tochter im Goldenen Käfig haust, von diesem Monster
ein Kind kriegt, das ich nie zu seh'n bekommen habe.

SOFIE:
Vati, jetzt reg dich wieder ab. Rumpelstilzchen hatte wirklich mehr
auszuhalten als du.

MÄNNLEIN:
Schön, dass du das endlich auch so sehen kannst.

SOFIE:
Schließlich hat es sich selbst in zwei Stücke gerissen, nachdem ich ihm
das versprochene Königskind verweigert habe.

MÜLLER:
Wie konntest du ihm als Mutter dein erstgeborenes Kind versprechen?

MÄNNLEIN:
Diese Frage ist gar nicht so dumm. Wie kommt ein verarmtes, junges,
hübsches Mädchen dazu, ein solches Versprechen abzugeben.

SOFIE:
Jetzt bin ich wieder die Blöde. Fragt doch die Grimms.

MÄNNLEIN: *abfällig*
Diese Brüder sind bereits vor langer Zeit gestorben. Und übrigens
haben sie die Geschichte auch nur gehört, aufgeschrieben und
gesammelt.

MÜLLER:

Da kannst du wieder mal sehen: Mehrere Köche verderben den Brei.

SOFIE:

Das waren Geschichtensammler, keine Köche.

MÄNNLEIN:

Verdorbene Geschichten halten sich länger als verdorbene Speisen,
die kippt man in den Müll …

MÜLLER:

Und was liegt dir daran, diese verdorbene Geschichte wieder
aufzukochen?

MÄNNLEIN:

Wie ich euch bereits gesagt habe, bin ich ein Urururenkel von
Rumpelstilzchen. Eines Nachts träumte ich von ihm.

Lichtwechsel – Puppenspiel

Rumpelstilzchen flehte mich an. „Ich halte das Ende meiner Geschichte
nicht mehr aus. Alle Welt hält mich für ein eigensüchtiges, jähzorniges
Etwas, das sich selbst in zwei Stücke reißt, nur weil es nicht bekam, was
man ihm versprochen hatte. Ich bitte dich, erlöse mich aus diesen
Höllenqualen." Ich verspürte großes Mitleid, und weinte bitterlich.
Rumpelstilzchen glaubte meinen Tränen. Es zeigte mir den Weg, der
mich geradewegs zu euch geführt hat. Bevor ich wach wurde, sagte es:
„Die beiden, der Müller und seine Tochter, nur die beiden können dir
helfen, dieses grausame Missverständnis aus der Welt zu schaffen.
Versprecher ihnen dafür aber nichts, keinen Reichtum, keinen
Wohlstand, nicht einmal ein Stück Brot. Im Gegenteil, nimm ihnen alles,
damit sie weniger haben als nichts."

Puppenspiel Ende – Lichtwechsel

MÜLLER: *fassungslos*

Damit sie weniger haben als nichts. Da bleibt uns nur noch der Tod, als
Geschenk der Hölle, mit den besten Grüßen von Rumpelstilzchen. Die
Hoffnung stirbt zuletzt, sagt man. In diesem Moment bin ich gestorben.
Auf Wiedersehen, gehabt euch wohl, rutscht mir doch alle den Buckel
runter *legt sich hin und spielt Leiche, mit gefalteten Händen.*

MÄNNLEIN:

Dein Vater ist gar nicht so schlecht. Vielleicht sollte er als Schauspieler
sein Brot verdienen.

SOFIE:

Brot verdienen mit brotloser Kunst.

MÄNNLEIN:

Zuerst müssen wir diesen „Brotlosen" verschwinden lassen.

SOFIE:

Komm Vati, steh wieder auf.

MÜLLER:

In diesem Leben nicht mehr. Erst am Jüngsten Tag möchte ich geweckt
werden.

MÄNNLEIN:

Solange kann ich nicht warten.

SOFIE:

Ich schon.

MÜLLER:

Spielverderber. *steht auf und geht ab.*

SOFIE:

Wenn ich's genau betrachte, hat der König das „Ewige Feuer" verdient.
Bringt einfach meinen Vater um.

MÄNNLEIN:
Du sprichst vom König, deinem zukünftigen Mann, dem du demnächst ein Kind schenken wirst.

SOFIE:
Ich wollt', ich könnt's verhüten.

MÄNNLEIN:
Du kannst es. Du musst es nur wollen.

SOFIE:
Ich muss es nur wollen?

MÄNNLEIN:
Lass uns das noch einmal probieren und du wirst es. *geht ab um als Rumpelstilzchen aufzutreten*

MÄNNLEIN-RUMPELSTILZCHEN:
Was gibst du mir, wenn ich dir noch einmal das Stroh zu Gold spinne?

SOFIE:
Ich habe nichts mehr, was ich dir geben könnte.

MÄNNLEIN-RUMPELSTILZCHEN:
So versprich mir, wann du Königin wirst, dein erstes Kind.

SOFIE: *irritiert*
Dieses Versprechen wäre unsittlich. *erbost* Scher dich zum Teufel.

MÄNNLEIN-RUMPELSTILZCHEN:
Und was ist das Eheversprechen deines Königs? Etwa sittlich. Für diese Sauerei soll ich Stroh zu Gold spinnen? Spinnst du! *stampft mit dem Fuß auf.*

MÜLLER-KÖNIG *aus dem Off*
Was ist das für ein Krach? *Männlein-Rumpelstilzchen versteckt sich. Müller kommt mit Krone auf dem Kopf auf die Bühne und sieht sich um*

Wo bleibt das Gold. Viel Zeit, mein Täubchen, bleibt dir nicht mehr. Also
bis morgen ist das Stroh versponnen, sonst wird es nichts mit unserer
Hochzeit.

SOFIE: *aufmüpfig*
Euer Gnaden, werter Herr König, ich fürchte, ihr werdet recht behalten.
Aus unserer Hochzeit wird tatsächlich nichts. Das Stroh heute ist so
widerspenstig, es möchte nicht so, wie ihr es wünscht, und deshalb
habe ich wütend auf den Boden gestampft.

MÜLLER-KÖNIG:
Rede nicht so geschwollen daher. Mache dich ans Werk. Soll das Werk
den Meister loben, doch der Segen kommt von oben. Hört: Die Glocke
schillert schon. Morgen wird in Saus und Braus geheiratet. Basta. *geht
ab.*

MÄNNLEIN-RUMPELSTILZCHEN: *taucht wieder auf, lacht sich kaputt*
Die Glocke schillert schon …

SOFIE: *belustigt*
Du krummbeiniges Hinkefüßlein, du spinnst mir auf der Stelle das Stroh
zu Gold.

MÄNNLEIN-RUMPELSTILZCHEN:
Und wenn ich dir sage, dass ich das gar nicht kann.

SOFIE: *neckisch*
Dann erzähl ich dem König, was für ein Hochstapler du bist. Er wird
dich fangen und dich so lange foltern, bis du alles Stroh zu Gold
gesponnen hast.

MÄNNLEIN-RUMPELSTILZCHEN: *sehr fröhlich*
Heute back ich, morgen brau ich, übermorgen hol ich der Königin ihr
Kind; ach, wie gut ist, dass niemand weiß, dass ich … *sieht Sofie fragend
An.*

SOFIE:
… Rumpelstilzchen heiß!

MÜLLER-KÖNIG: *aus dem Off*
Mir ist, als ob ich dich sprechen höre … *Männlein-Rumpelstilzchen verschwindet, der Müller-König tritt auf.* … mit einer Stimme männlichen Geschlechts. *Männlein-Rumpelstilzchen kichert aus dem Off* Wer kichert hier so dämlich.

MÄNNLEIN-RUMPELSTILZCHEN: *aus dem Off*
Eine Stimme männlichen Geschlechts. *kichert abermals*

MÜLLER-KÖNIG:
Wer will mich hier zum Narren halten.

MÄNNLEIN-RUMPELSTILZCHEN:
Ach wie gut, dass du's nicht weißt.

MÜLLER-KÖNIG:
Ich befehle dir, sag mir wer du bist, damit ich deine Frechheit bestrafen kann.

MÄNNLEIN-RUMPELSTILZCHEN:
Ich soll meinen Namen sagen, damit ihr mich bestrafen könnt. Meinst du, ich spinne?

MÜLLER-KÖNIG:
Du dringst in die Kammer meiner Verlobten ein, die morgen Königin werden soll? Verdient das keine Strafe. Zeige dich, du Feigling, damit ich dich töten kann.

SOFIE:
Lieber König, ihr wollt doch meinetwegen niemanden töten?

MÜLLER-KÖNIG:
Von wollen kann keine Rede sein. Töten muss ich! Ich kann nicht
anders. Erst ihn, dann dich, du elende Betrügerin. Sich nächtens mit
einer Kichererbse einzulassen.

SOFIE:
Das verbitte ich mir: ich bin keine Betrügerin!

MÄNNLEIN-RUMPELSTILZCHEN: *kommt herein*
Und ich verbitte mir die Kichererbse, eure hochwohlgeborene
Peinlichkeit. Und so einer regiert das Volk.

MÜLLER-KÖNIG:
Das ist eine Revolte. Ein Aufstand. Verrat. Wache! Wache! Wache!

SOFIE:
Hilf dir selbst, so hilft dir Gott.

MÜLLER-KÖNIG:
Warum hilft mir denn keiner!

SOFIE:
Am besten, du legst dich hin, und bist einfach tot.

MÄNNLEIN-RUMPELSTILZCHEN:
Mausetot.

MÜLLER-KÖNIG:
Ich als König mausetot? Vor meinem Abgang? Das würde dir so
passen. Das viele Gold verprassen mit dieser Kichererbse. Das Gold,
das ich so mühsam erarbeitet habe!

MÄNNLEIN-RUMPELSTILZCHEN:
Wenn Lügen wehtun würde, dann müsste jetzt das Publikum zum
Himmel schreien! *animiert das kindliche Publikum zu schreien.*

PUBLIKUM *schreit höllisch*

SOFIE:
Wenn lügen wehtun würde, dann müsste alles Gold des Königs zu
Stroh verwandelt werden und brennen!

MÜLLER-KÖNIG:
Das ist keine Revolte, das ist Revolution! Stroh verbrennen, die armen
Bauern, womit sollen sie das Vieh betten!

SOFIE:
Für diese Heuchelei gibt es nur eine Antwort:

MÄNNLEIN-RUMPELSTILZCHEN:
Gold, Gold, Gold, schmelze dahin, und verwandle dich zurück in Stroh.

SOFIE:
Stroh, Stroh, Stroh, tu, was du am schnellsten kannst: Verbrenne!
Der Brand des Schlosses wird demonstriert.

MÜLLER-KÖNIG:
Ich ahne, ich rieche nichts Gutes. *zeigt in Richtung Schlossturm*
Verdammt seid ihr bis in alle Ewigkeit. Es qualmt. Mein schönes Schloss.
Es qualmt aus allen Poren. Und siehe da, die ersten Flammen schlagen
aus den Fenstern. Ruft doch die Feuerwehr. Ein Königreich für eine
Feuerwehr. Warum löscht denn keiner meinen Hunger, meinen Durst
Warum löscht denn keiner dieses Inferno. Seht ihr denn nicht, wie mein
Königreich zugrunde geht. *kriecht verzweifelt ab, weiter im Off* Habt
doch Erbarmen, wie ich einst mit euch Erbarmen hatte. Seht ihr denn
nicht, wie sehr ich euch liebe. Ich, euer König vor dem Herrn, dem
Allmächtigen. Gott sei meiner Seele gnädig!

MÄNNLEIN-RUMPELSTILZCHEN:
Fahr zu Hölle!

MÜLLER-KÖNIG: *aus dem Off*
Todesschrei!!!!!!

Ende Branddemonstration

MÄNNLEIN:

Das wäre geschafft. Gut gemacht, Müller. *holt ihn auf die Bühne* Du hast das Ende wunderbar gespielt. Dein Todesschrei am Schluss, eine echte Erlösung – für uns alle.

MÜLLER:

Erlösung Vielleicht für deinen rumpelstilzeligen Ururgroßvater, Gott hab ihn selig.

MÄNNLEIN:

Ich denke, dass mein humpelstilziger Ururgroßvater mit diesem Ende leben kann.

SOFIE:

Und wir, mit welchem Ende sollen wir leben? Ohne Heim und halb verhungert.

MÜLLER: *sarkastisch*

Es gibt Leute, die meinen, für solche Problemfälle wäre der Tod nicht die schlechteste Lösung.

SOFIE:

Das kommt mir doch bekannt vor. Auf eine solche Lösung habe ich keine Lust. Dafür bin ich viel zu jung.

MÄNNLEIN:

Und viel zu hübsch.

SOFIE:

Hört auf, zu schmeicheln, das macht mich und meinen Vater auch nicht satt.

MÄNNLEIN:

Wer weiß, wie wär's, wenn ich dir sage, dass ich mir schon immer eine Frau gewünscht habe, die so klug ist wie du.

SOFIE:
Soll das ein Heiratsantrag sein?

MÜLLER:
Kommt nicht in Frage. Meine Tochter ist siebzehn Jahre alt, sie braucht
einen Mann, der jung und schön ist – und keine rumpelnde Kichererbse.

SOFIE: *scharf*
Wen ich als Mann brauche, ist meine Sache.

MÄNNLEIN:
Das ist ein Wort, so gefällst du mir.

SOFIE:
Leider beruht dies nicht auf Gegenseitigkeit. Dich als Mann? Nein,
danke! Selbst wenn du mir das Haus meines Vaters schenken würdest.

MÜLLER: *devot*
Gegen das Haus wäre ja nichts einzuwenden …

SOFIE: *schaut ihren Vater wütend an*
Das ist eine Frage des Charakters!

MÜLLER: *sich besinnend*
… aber dich zum Schwiegersohn haben. Nein, danke.

SOFIE:
Lieber gehen wir in die Obdachlosigkeit.

MÜLLER:
Wo es leider kein Dach gibt, und noch weniger zu essen.

SOFIE:
Lieber verhungern wir, als dass ich mich für Haus und Kühlschrank
verkaufe.

MÜLLER:

Also, worauf wartest du noch: Schmeiß uns endlich raus, aus unserm
Haus.

SOFIE:

Soweit kommt es noch. Ich lasse mich nicht rausschmeißen. Ich gehe
von ganz allein. *geht ab*

MÜLLER:

Sofie, warte auf mich, ich komme mit. Auf Wiedersehen, Herr
Rumpelstilzchenregisseur *geht ab und kommt wieder rein* Wenn du
das nächste Mal von deinem Urururgroßvater träumst, sag ihm einen
schönen Gruß von uns. Jetzt hat er, was er wollte: Nimm ihnen alles,
damit sie weniger haben als nichts. *geht ab*

MÄNNLEIN:

Mein Urururgroßvater hat aber nicht gesagt: Für alle Zeiten. Ihr habt so gut
mitgespielt. Die Prüfung ist bestanden. Ich gebe euch deshalb das Haus
zurück. Und weil man von einem Haus nicht abbeißen kann, machen wir
jetzt Brotzeit.

SOFIE: *Vater und Sofie kommen zurück*
Und ich muss dich dafür nicht heiraten?

MÄNNLEIN:

Nein, du kannst ledig bleiben bis an dein Lebensende.

SOFIE:

Das wüsst' ich aber …

MÄNNLEIN:

Wie auch immer: Wir könnten landauf, landab dieses „hundsgemeine"
Stück für Geld spielen. Lasst mich ich in eurem Bunde der Dritte sein.

MÜLLER:

Das klingt ja wie ein Märchen.

SOFIE:

Klingt? Es ist ein Märchen, mein Lieblingsmärchen, das uns gerettet hat.

MÄNNLEIN:

Was habe ich am Anfang gesagt: Lasst mich herein, ihr werdet es sicher nicht bereuen.

Sofie umarmt ihren Vater und auch das Männlein

Ende